BEI GRIN MACHT SICH IHR WISSEN BEZAHLT

- Wir veröffentlichen Ihre Hausarbeit, Bachelor- und Masterarbeit

- Ihr eigenes eBook und Buch - weltweit in allen wichtigen Shops

- Verdienen Sie an jedem Verkauf

Jetzt bei www.GRIN.com hochladen und kostenlos publizieren

Karl Josef Westritschnig

Bildungssackgasse HTL-Ingenieur

"Bachelor-Ingenieur" eine tertiär-akademische Aufwertung des HTL-Ingenieur in Österreich!

GRIN Verlag

Bibliografische Information der Deutschen Nationalbibliothek:

Die Deutsche Bibliothek verzeichnet diese Publikation in der Deutschen Nationalbibliografie; detaillierte bibliografische Daten sind im Internet über http://dnb.d-nb.de/ abrufbar.

Dieses Werk sowie alle darin enthaltenen einzelnen Beiträge und Abbildungen sind urheberrechtlich geschützt. Jede Verwertung, die nicht ausdrücklich vom Urheberrechtsschutz zugelassen ist, bedarf der vorherigen Zustimmung des Verlages. Das gilt insbesondere für Vervielfältigungen, Bearbeitungen, Übersetzungen, Mikroverfilmungen, Auswertungen durch Datenbanken und für die Einspeicherung und Verarbeitung in elektronische Systeme. Alle Rechte, auch die des auszugsweisen Nachdrucks, der fotomechanischen Wiedergabe (einschließlich Mikrokopie) sowie der Auswertung durch Datenbanken oder ähnliche Einrichtungen, vorbehalten.

Impressum:

Copyright © 2012 GRIN Verlag GmbH
Druck und Bindung: Books on Demand GmbH, Norderstedt Germany
ISBN: 978-3-656-29425-2

Dieses Buch bei GRIN:

http://www.grin.com/de/e-book/203054/bildungssackgasse-htl-ingenieur

GRIN - Your knowledge has value

Der GRIN Verlag publiziert seit 1998 wissenschaftliche Arbeiten von Studenten, Hochschullehrern und anderen Akademikern als eBook und gedrucktes Buch. Die Verlagswebsite www.grin.com ist die ideale Plattform zur Veröffentlichung von Hausarbeiten, Abschlussarbeiten, wissenschaftlichen Aufsätzen, Dissertationen und Fachbüchern.

Besuchen Sie uns im Internet:

http://www.grin.com/

http://www.facebook.com/grincom

http://www.twitter.com/grin_com

Karl Westritschnig

Bildungssackgasse HTL-Ingenieur

„Bachelor-Ingenieur" eine tertiär-akademische Aufwertung des HTL-Ingenieur in Österreich!

Forschungsarbeit

---

[1] Fotoquelle Privat-Archiv: Karl Westritschnig ein Maschinenbau-Absolvent der HTL Klagenfurt Lastenstraße 1961-1966.

Inhaltsverzeichnis

Vorbemerkung 4

1 Standesbezeichnung Ingenieur mit einer formalen Höherqualifizierung zum akademischen „Bachelor-Ingenieur" 7

2 HTL-Altingenieure und eine formale Höherqualifizierung zum tertiärakademischen Bologna „Bachelor-Ingenieur" 14

3 Standesbezeichnung Ingenieur mit 3-jähriger Ingenieurpraxis traditionell durch das Wirtschaftsministerium verliehen" 17

4 Europakonformes Zukunftsmodell: Absolventen zum Bachelor-Ingenieur mit Rückbindung an das Bildungssystem 20

    4.1 Absolventen der Höheren Technischen Lehranstalten 20

    4.2 Absolventen der Höheren Land- und Forstwirtschafts Lehranstalten ... 23

5 Rückbindung der Ingenieurpraxis dual an das Bildungssystem qualifiziert Ingenieure zum „Bachelor-Ingenieur" 26

6 Literaturverzeichnis 27

7 Abkürzungsverzeichnis 28

Autor Karl Westritschnig 29

Vorbemerkung

Eine Weiterentwicklung der Standesbezeichnung „Ingenieur", die bereits seit dem Jahre 1917 durch eine kaiserliche Verordnung geschützt ist, sollte unbedingt erfolgen. Im Prinzip hat sich seit dieser Zeit zur Erlangung der Standesbezeichnung Ingenieur" methodisch nichts getan. Es wird nur die erforderliche Praxisdauer von acht auf drei Jahre in der Gegenwart verringert. In der Zwischenkriegszeit wird die Standesbezeichnung Ingenieur den Absolventen der Technischen Hochschule, ohne Praxiserfordernis unmittelbar verliehen.

Es liegt im Interesse der Absolventen und der Gesellschaft, als auch der gewerblich-industriellen Wirtschaft. Die qualifizierte Dienstleistungswirtschaft wird für die HTL-Absolventen zunehmend wichtig. Der HTL-Ingenieur vermittelt eine praktische und anwendungsorientierte Qualifizierung. Die hohe Arbeitsmarkt- und Berufsfähigkeit der HTL-Absolventen wird europäisch als tertiärwürdig angesehen. Die Wirtschaft fragt diese technische Qualifikationsebene sehr nach. Eine Aufwertung des in der Vergangenheit bewährten HTL-Ingenieurs, zu einem Europa- und Bologna konformen „Bachelor-Ingenieur" wird zunehmend notwendig. Die österreichische Unikat-Ingenieurbildung auf der Sekundarstufe II bewegt sich zunehmend in eine Sackgasse. Die europäischen Bildungsprozesse erfordern vor allem auch im Sinne der Absolventen eine Aufwertung der HTL-Ingenieurbildung. Wirtschaftsnahen Studie wird entnommen, dass HTL-Absolventen kaum Über- und de-qualifiziert erwerbsmäßig beschäftigt sind Diese Absolventen weisen im Allgemeinen eine hohe Arbeitszufriedenheit auf. Bei dieser Bildungs- und Qualifikationsebene herrscht in der Wirtschaft ein großer Bedarf.

Eine „duale" Anbindung der 3-jährigen gehobenen und facheinschlägigen Ingenieurpraxis an das HTL-Bildungssystem sollte erfolgen. Eine Höherqualifizierungsmöglichkeit vom unmittelbaren HTL-Absolventen zum tertiär-akademischen „Bachelor-Ingenieur" muss gegeben sein. Die Bachelor-

Ingenieurprüfung liegt über dem Diplomniveau und gerechtfertigt somit eine tertiär-akademische Aufwertung in die Hochschulebene. Damit soll auf formalem Wege eine Durchlässigkeit zu den Masterprogrammen der Fachhochschulen und Universitäten erreicht werden. Eine nicht notwendige Bildungsredundanz und Bildungssackgasse muss für HTL-Absolventen beseitigt werden. Die bestehende österreichische Unikat-Ingenieurbildung und die vom Wirtschaftsministerium verliehene Standesbezeichnung Ingenieur wird in den tertiär-akademischen Bachelor-Bereich gehoben. Es erfolgt eine „duale" Rückbindung der Ingenieurpraxis an das bestehende HTL-Bildungssystem. In weiterer Folge ist auch ein Zugang zu den Master- und Doktoranden Studien- und Forschungsprogrammen möglich. Bei den Absolventen der Höheren Land- und Forstwirtschaftlichen Lehranstalten kann die Höherqualifizierung durch die dreijährige gehobene Ingenieurpraxis, ebenfalls analog durch Rückbindung an das bestehende Bildungssystem erfolgen.

Es sollte möglich sein, durch eine Höherqualifizierung ohne Bildungsredundanz, diese bewährte qualitätsvolle, praxisnahe und anwendungsorientierte österreichische HTL-Ingenieurbildung als Bachelorwürdig tertiär-akademischen zu positionieren. Eine berufliche und gesellschaftliche Aufwertung des HTL-Ingenieur wird zunehmend erforderlich. Der HTL-Ingenieur muss zum „Bachelor-Ingenieur" infolge Höherqualifizierung aufgewertet werden. Die fast hundertjährige Qualitätsmarke Standesbezeichnung Ingenieur" sollte bei Bildungsüberlegungen und Schulentwicklungen zentral als erstes berücksichtigt werden. Die HTL-Ingenieure treten oft mit Fachhochschulabsolventen und auch Universitätsabsolventen unmittelbar in Konkurrenz. Die Spezialisierung und die Praxiserfahrung des HTL-Absolventen im Betrieb sind vor allem auch für Klein- und Mittelbetriebe von großer Bedeutung. Diese beruflich-fachliche Höherqualifizierung muss durch eine „duale" Rückbindung an das bestehende HTL-Bildungssystem, mit Überlegungen des Europakonformen Bologna-Zukunftsmodells eines „Bachelor-Ingenieur" erfolgen. Wer sich über die

Standesbezeichnung Ingenieur hinaus, ohne Bildungsredundanz persönlich und beruflich weiterentwickeln will, soll formal durch das ein „weiterentwickeltes" HTL-Bildungssystem die Möglichkeit bekommen. Der finanzielle, organisatorische und pädagogisch-didaktische Aufwand hält sich in Grenzen. Diese Forschungsarbeit ist eine Beilage zur Dissertation und diese stellt die Möglichkeiten einer HTL-Ingenieurbildung modellhaft-schematisch dar:

1. **HTL-Absolventen** zum „BACHELOR-Ingenieur" qualifizieren, durch eine „duale" Rückbindung der Ingenieurpraxis an das HTL-Bildungssystem

2. **HTL-Altingenieure** zum „BACHELOR-Ingenieur" durch eine geringe Modifizierung des vorherigen Modells.

3. **HTL-Absolventen** und durch den traditionellen Weg einer 3-jährigen Ingenieurpraxis zur Standesbezeichnung Ingenieur.

4. **HTL-HLFL-Absolventen und Altingenieure** eine modellhaft-schematische Zusammenfassung zum höher qualifizierten „BACHELOR-Ingenieur".

1 Standesbezeichnung Ingenieur mit einer formalen Höherqualifizierung zum akademischen „Bachelor-Ingenieur"

Die 3-jährige Ingenieurpraxis in einem Betrieb bewirkt eine Höherqualifizierung durch den nicht-formalen Bildungsprozess. Eine Rückbindung der Ingenieurpraxis an das gegebene HTL-Bildungssystem sollte erfolgen. Die Erfahrungs- und Lernfortschritte dieser gehobenen und fachlichen Praxis werden entsprechend dem Europäischen Bologna Modell höher qualifizierend berücksichtigt. Die wirtschaftliche Konkurrenzfähigkeit der Europäischen Union wird dadurch erhöht. Die Höherqualifizierung durch einen Erfahrungs- und Lernfortschritt zwischen dem HTL-Diplom und der Ingenieur-Titelverleihung soll nach Vorstellungen des Europäischen Bologna-Modells aufgewertet werden. Dies muss im HTL-Bildungssystem neu bewertet werden. Eine Aufwertung des Ingenieurs zu den Europakonformen Bachelor-Ingenieur muss erfolgen. Die frühe und bewährte HTL-Ingenieurbildung sollte nach Europäischen Bologna-Kriterien neu eingestuft werden. Durch das „duale" Bildungsprinzip erfolgt notwendigerweise eine Anhebung auf die tertiärakademische Bildungsebene. Durch die Ingenieurpraxis erfolgt ein betriebsnaher Erfahrungs- und Lernzuwachs. Bei diesem Modell kommt zusätzlich zu einer Rückbindung an das HTL-Bildungssystem an den einzelnen bestehenden Standorten. Zusätzliche Baumaßnahmen sind nicht erforderlich. Dadurch wird eine Höherqualifizierung des traditionellen HTL-Ingenieur zum tertiärakademischen „Bachelor-Ingenieur" gerechtfertigt. Bei diesem Bildungsmodell wird ein 3-jähriger „Ingenieurpraxis-Vertrag" mit dem Betrieb abgeschlossen. Dieser Praxisvertrag wird an einer gewünschten HTL, mit einem entsprechenden Fachbereich und Ausbildungsschwerpunkt hinterlegt. An den Höheren Technischen Lehranstalten gibt es mindestens einen „Bachelor-Ingenieur" Beauftragten. Eine „Ingenieurpraxis-Studie" ist schriftlichen zu verfassen und diese muss, zu einem festgelegten Zeitpunkt vor der kommissionellen Bachelor-Ingenieur Prüfung abgegeben werden, damit diese Arbeit entsprechend begutachten werden kann. Es werden jährlich Zeitbereiche für die Bachelor-Ingenieurprüfungen vom Unterrichtsministerium festgelegt. Die kommissionellen Prüfungen finden an den Bildungsstandorten der Höheren Technischen Lehranstalten statt. Der Begutachter der Ingenieurpraxis-Studie soll zugleich der Vorsitzende der Prüfungskommission sein, wobei dieser auch das Prüfungsprotokoll führt. Die Studie ist vor der Kommission zu präsentieren und zu rechtfertigen und diese wird von der Kommission endgültig beurteilt. Aus den entsprechenden Diplomprüfungsgegenständen der Fachrichtung und dem Ausbildungsschwerpunkt werden vom Kandidaten termingerecht einige Zeit vor der Prüfung der zwei Lehrfächer und Themen gewählt. Der Kandidat kann die Fächer und Themen auch aus dem Bereich der Ingenieurpraxis wählen. In diesen beiden Fächern erfolgt eine erweitere und vertiefende Prüfung, diese geht tertiär-akademisch über dem Niveau der Diplomprüfung hinaus. Über die Gesamtbeurteilung entscheidet im Zweifelsfalle der Kommissionsvorsitzende. Dieser „duale" Bildungsprozess geht über das Niveau der traditionellen Ingenieurpraxis und der Diplomprüfung hinaus. Die Standesbezeichnung Ingenieur wird durch diese Höherqualifizierung zum akademischen Bachelor-Ingenieur auf der Tertiär- und Hochschulebene gehoben. Das Unterrichtsministerium legt die Rahmenbedingungen für den Bachelor-Ingenieur Studienplan fest, der flächendeckend für Österreich gilt. Der akademische „Bologna-Ingenieur" Grad wird möglichst in feierlicher Form verliehen. Durch den akademischen Bologna-Ingenieur Titel erfolgt eine gesellschaftlich-berufliche Statusaufwertung der HTL-Absolventen. Es soll dadurch auch zu einer beträchtlichen und notwendigen Aufwertung des Bildungsortes Höhere Technische Lehranstalten kommen.

Bildungsprinzip „dual"

- **HTL-Absolventen**

Unterrichtsministerium

- Rahmen-Studienplan für den Bachelor-Ingenieur
- Flächendeckend für ganz Österreich
- Bachelor Beauftragte an den Höheren Technischen Lehranstalten
- Novelle zum Ingenieurgesetz 2006

Ingenieurpraxis

- 3 Jahre

Höhere Technische Lehranstalten

- Fachbereiche und Ausbildungsschwerpunkte

Ingenieurpraxis

Zugang

- Reife- und Diplomprüfung
- Höhere Technische Lehranstalten

Höherqualifizierung

- Betriebsnaher Erfahrungs- und Lernzuwachs
- Rückbindung an das bestehende HTL-Bildungssystem

BACHELOR-Ingenieurpraxis-Vertrag

- Gehobene Berufs- und Fachbezogene Praxis
- Vertrag- Absolvent und Betrieb
- Fachbereiche und Ausbildungsschwerpunkte

Höhere Technische Lehranstalten

- **BACHELOR-Studiengang**

Tertiär-akademische Bachelor-Ingenieurprüfung

- Begutachtung- Ingenieurpraxis-Studie
- Prüfungskommission
- Vorsitzender- Begutachter der Praxisstudie
- Zwei Fachtheorie-Lehrer als Mitglieder
- Ingenieurpraxis-Studie Präsentation
- Themen aus Diplomprüfung

Tertiär- und Hochschulebene

Qualifikationsniveau

- ISCED 5A
- NQR / EQR 6

Anrechnungspunkte

- ECTS 200

- 5 Jahre HTL
- Reife- und Diplomprüfung
  - 180 ECTS

- BACHELOR-Ingenieurpraxis-Studie
  - 20 ECTS

Akademischer Grad

- First Cycle Degree- Erster Berufsqualifizierender Studienabschluss
- Deutsch- Bachelor-Ingenieur BIng
- Englisch- Bachelor of Engineering BEng

Master Studien- und Forschungsprogramme
- Fachhochschulen und Universitäten

Doktoranden Studien- und Forschungsprogramme
- Universitäten

Das Ingenieurgesetz 2006 ist infolge dieser Höherqualifizierung ist entsprechend zu novellieren. Dieser tertiär-akademische Bachelor-Ingenieur ist formal einem Bachelor einer Fachhochschule gleichwertig, aber nicht gleichartig. Dieser Bachelor Grad ermöglicht entsprechende Masterprogramme an den Fachhochschulen und Universitäten zu frequentieren, wobei weiterer Folge auch ein Doktorandenstudium an einer Universität besucht werden kann. Die Bildungssackgasse Standesbezeichnung Ingenieur nach einer 3-jährigen gehoben Praxis ist unbedingt zu schließen, damit eine nicht notwendige Bildungsredundanz gegeben ist. Die erweiterte Ingenieurpraxis und die Rückbindung an das HTL-Bildungssystem ermöglicht es, die Unikat HTL-Ingenieurbildung auf Sekundarstufe II, Europakonform zu einer tertiär-akademischen Bachelorbildung aufzuwerten. Eine offizielle Durchlässigkeit zu den Masterprogrammen an den Fachhochschulen und Universitäten ist dadurch gegeben.

Eine berufliche Weiterbildung und damit auch eine Höherqualifizierung erfolgt bei den HTL-Absolventen durch eine gehobene und facheinschlägige Ingenieurpraxis. Diese Berufspraxis erfordert höhere Kenntnisse, Fertigkeiten und Kompetenzen, wie diese bei der Ingenieurbildung an den Höheren Technischen Lehranstalten vermittelt wird. Die Höherqualifizierung bei der Ingenieurpraxis äußert sich auch dadurch, dass der HTL-Ingenieur

Arbeitsmarkt- und Erwerbsfähiger als ein unmittelbarer HTL-Absolvent mit Diplom ist.[2]

Das „duale" Bildungsprinzip hat erstens einen Erfahrungs- und Lernzuwachs durch die gehobene beruflich-fachliche Ingenieurpraxis nach dem Abschluss der Höheren Technischen Lehranstalten zur Folge. Eine Rückbindung an das bestehende HTL-Bildungssystem wird unbedingt erforderlich. Zweitens hat eine fehlende Rückbindung an das formale HTL-Bildungssystem auf Dauer gesehen, einen immensen Nachteil für die HTL-Ingenieure auf nationaler und europäischer Ebene. Derzeit gibt es noch zu wenig FH-Absolventen nach den Europakonformen Bologna-Modell. Die Konkurrenz von FH- Bachelor- und Masterabsolventen zu den HTL- Absolventen und Ingenieuren kann noch zu wenig bewertet werden. Die traditionellen Berufsfelder der HTL-Ingenieure in der gewerblichen-industriellen Wirtschaft dürften in der näheren Zukunft weitgehend erhalten bleiben. Es werden zukünftig vermehrt HTL-Absolventen auch im qualifizierten Dienstleistungsbereich erwerbstätig sein. Immer mehr auch in einer neuen Selbstständigkeit in Form einer ICH-AG und Mikrounternehmen. Dies sind vor allem qualifizierte unternehmensbezogene Dienstleistungen für größere Betriebe. Diese Unternehmungen sind vor allem im technischen Bereich der Telekommunikation und Netzwerktechnik, der Neuen Informations- und Kommunikationstechnologien geschäftlich tätig.[3]

Das internationale Einstufungssystem ISCED benachteiligt das HTL-Diplom, wobei sich die OECD auch an diese 6-stufige Systematik orientiert. Es wird daher ein „duales" Bildungsprinzip mit einer gehobenen dreijährigen Praxis und einer Rückbindung an das bestehende HTL-Bildungssystem erforderlich. Es soll dadurch zu einer tertiär-akademischen Aufwertung zum Bologna-Ingenieur

---

[2] Vgl. Markowitsch, Jörg 2009: Zur Vorhersage nationaler Qualifikationen zum Europäischen Qualifikationsrahmen mittels mathematischer Modellierung, S. 175.

[3] Vgl. Schneeberger, Arthur / Petanovitsch, Alexander 2008: Mittelfristige Perspektiven der HTL, S. 214f.

kommen. Die Qualifikation in der Betriebspraxis zum HTL-Ingenieur soll durch dieses Europakonforme Bologna-Modell mit Rückbindung an das Bildungssystem, tertiär-akademisch zum Bachelor-Ingenieur gehoben werden.[4]

---

[4] Vgl. Westritschinig, Karl Josef 2012: Bildungssackgasse droht: Europakonformes Zukunftsmodell „Hohe Technische Lehranstalt" in Österreich, S. 488f.

2 HTL-Altingenieure und eine formale Höherqualifizierung zum tertiär-akademischen Bologna „Bachelor-Ingenieur"

Den in der Wirtschaft erwerbstätigen Altingenieuren werden der Ingenieurpraxis-Vertrag und Studie für die kommissionelle Prüfung erlassen. Jene HTL-Absolventen, die keine Höherqualifizierung zum Bachelor-Ingenieur anstreben, erfolgt die Ingenieurpraxis auf der traditionellen Art und Weise. Die Verleihung der Standesbezeichnung Ingenieur findet für diese Personengruppe, nach wie vor durch das Wirtschaftsministerium statt.

Bildungsprinzip „dual"

- **Altingenieure**

Unterrichtsministerium

- Rahmen-Studienplan für den Bachelor-Ingenieur
- Flächendeckend in Österreich
- Bachelor Beauftragter an den Höheren Technischen Lehranstalten
- Novelle zum Ingenieurgesetz 2006

Wirtschaftsministerium- Standesbezeichnung Ingenieur

Höhere Technische Lehranstalt

- **BACHELOR-Studiengang**

3-Jahre Ingenieurpraxis nach Standesbezeichnung Ingenieur

Tertiär-akademische Bachelor-Ingenieurprüfung

- Bachelor-Ingenieurprüfungs-Kommission
  - Kommissionsvorsitzender
- Begutachter die Ingenieurpraxis-Studie
- Zwei Fachtheorie-Lehrer als Mitglieder
  - Themen der Diplomprüfung
  - Fachrichtung und Ausbildungsschwerpunkt

Tertiär- und Hochschulebene
 	
Qualifikationsniveau
 	
- ISCED 5A
- NQR / EQR 6
 	
Anrechnungspunkte
 	
• ECTS 200
 	
- 5 Jahre HTL
- Reife- und Diplomprüfung
  • 180 ECTS
 	
- BACHELOR-Ingenieurpraxis-Studie
  • 20 ECTS
 	
Akademischer Grad
 	
- First Cycle Degree- Erster Berufsqualifizierender Studienabschluss
- Deutsch- Bachelor-Ingenieur BIng
- Englisch- Bachelor of Engineering BEng

Master Studien- und Forschungsprogramme - Fachhochschulen und Universitäten

Doktoranden Studien- und Forschungsprogramme - Universitäten

Die nicht-formalen Erfahrungs- und Lernfortschritte der dreijährigen, gehobenen und fachbezogenen Ingenieurpraxis sollen im Rahmen der Europäischen Bologna-Erklärung 1999 entsprechend berücksichtigt werden. Die wirtschaftliche Konkurrenzfähigkeit der Europäischen Union soll global erhöht werden. Eine Höherqualifizierung durch den Lern- und Erfahrungsfortschritt zwischen dem HTL-Diplom und der Ingenieurtitelverleihung wird neu bewertet. Es kommt zu einer notwendigen Aufwertung durch den Europakonformen tertiär-akademischen Bologna „Bachelor-Ingenieur" Grad. Entsprechend dem absolvierten Fachbereich und Ausbildungsschwerpunkt an der Höheren Technischen Lehranstalt können auch HTL-Altingenieure ein Masterprogramm an einer Fachhochschule und Universität absolvieren. Auch die Altingenieure einer Höheren Land- und Forstwirtschaftlichen Lehranstalt können analog zum „Bachelor-Ingenieur" qualifiziert werden.

In einem Forschungsbericht des Jahres 2009 des Instituts für Bildungsforschung der Wirtschaft werden in Stelleninseraten in Tageszeitungen die HTL-Absolventen nicht unwesentliche Mitbewerber bei Stellenausschreibungen für Technikabsolventen von Fachhochschulen und Universitäten. Die für Universitäts-Technikabsolventen ausgeschriebene Ingenieurstellen kommen für HTL-Absolventen zu 8% in Betracht. Bei für Fachhochschul-Technikabsolventen ausgeschriebenen Ingenieurstellen sind HTL Absolventen bereits zu 90% dafür geeignet. Die ausgeschriebenen Ingenieurstellen für Uni- und FH- Technikabsolventen kommen für HTL Absolventen 60% in Frage.[5] Die Höherqualifizierung und der damit verbundene Lern- und Erfahrungszuwachs der HTL-Absolventen durch die gehobene und fachbezogene Praxis zum Ingenieur muss „dual" in das bestehende HTL-Bildungssystem integriert werden. Es soll dadurch eine Aufwertung in die Tertiär- und Hochschulebene erfolgen. Die „duale" Aufwertung der dreijährigen Ingenieurpraxis durch Rückbindung an das Bildungssystem, sollte die Verleihung des tertiär-akademischen Bologna „Bachelor-Ingenieur" Grades unbedingt möglich machen.

---

[5] Vgl. Schneeberger, Arthur / Petanovitsch, Alexander 2009: Zwischen Akademikermangel und prekärer Beschäftigung, S. 97.

3 Standesbezeichnung Ingenieur mit 3-jähriger Ingenieurpraxis traditionell durch das Wirtschaftsministerium verliehen"

Durch die Einführung des Technikbereiches der Fachhochschulen im Jahre 1994 entsteht eine zusätzliche Konkurrenz für praxiserfahrenen HTL-Ingenieure. Diese zwei Ingenieurkategorien stehen oft in unmittelbarer Konkurrenz, wobei die HTL-Ingenieure wegen der Praxisnähe und eines Praxisvorsprunges unter Umständen einen Erwerbsvorteil genießen. Ein früherer Berufseinstieg der HTL-Absolventen gegenüber den FH-Bachelorabsolventen äußert sich oft als Vorteil am Allgemeinen Ingenieur-Arbeitsmarkt. Die HTL-Qualifikation überschneidet sich bei der Nachfrage zu 55 Prozent mit den Technik-Fachschulabsolventen, zu 41 Prozent sogar mit den Technik-Universitätsabsolventen und zu 16 Prozent mit den vierjährigen HTL-Fachschultechnikern.[6]

Der Technikbereich der Fachhochschulen entwickelt sich für die HTL-Absolventen und den praxiserfahrenen HTL-Ingenieuren zunehmend zu einer Konkurrenz am allgemeinen, beruflich-fachlichen Ingenieur-Arbeitsmarkt. In der Zukunft wird es notwendig werden, die Praxis der HTL-Absolventen zu einem Europa konformen „Bachelor-Ingenieur" weiterzuentwickeln. Die Qualifizierung zum HTL-Ingenieur ist national und europäisch entsprechend aufzuwerten. Alle jene HTL-Absolventen die sich nicht oder erst später höher zum „Bachelor-Ingenieur" qualifizieren wollen, kann traditionell über eine 3-jährige gehobene und facheinschlägige Praxis die Standesbezeichnung Ingenieur über Antrag vom Wirtschaftsministerium verliehen werden.

---

[6] Vgl. STATISTIK AUSTRIA: Arbeitskräfteerhebung 2006 – Ergebnisse des Mikrozensus 2007, S. 276.

Höhere Technische Lehranstalt

- Reife- und Diplomprüfung

Ingenieurpraxis

- 3 Jahre Praxis
- Gehobene und facheinschlägige Berufs- und Fachbezogene Praxis

Wirtschaftsministerium

- Ingenieurgesetz 2006
- Antrag an das Wirtschaftsministerium
- Standesbezeichnung Ingenieur

Bei Stellenausschreibungen in den Druckmedien für HTL-, FH- und TU-Absolventen beträgt der Anteil mit HTL-Stellenanzeigen bis zu 60%. Die Arbeitsmarkt- und Berufsfähigkeit der praxiserfahrenen und anwendungsorientierten HTL-Ingenieure ist nach wie vor hoch. Diese Tatsache soll durch eine Weiterentwicklung des HTL-Bildungssystem durch eine „duale" Aufwertung der Ingenieurpraxis erhalten bleiben und auch entsprechend abgesichert werden. Die wirtschaftsnahen Studien gelten meist noch für die Diplomstudien, da es noch nicht viele Bologna-Absolventen gibt. Der fortschreitende Bologna-Prozess wird meist noch nicht berücksichtigt. Das Bologna-Modell beginnt erst allmählich in der Wirtschaft zu greifen. In der Zukunft wird es sich weisen, welche Veränderungen am Allgemeinen Ingenieur-Arbeitsmarkt geben sind. Wie werden sich in der Zukunft die praxiserfahrenen HTL-Ingenieure gegenüber den Masterabsolventen der Fachhochschulen durchsetzen? Die Universitätslehrer des Technikbereiches, die selbst nicht HTL-Absolventen sind, hegen oft beträchtliche Vorurteile gegenüber den Theoriekenntnissen der HTL-Absolventen. Die gewerblicheindustrielle Produktionswirtschaft und die qualitativ Dienstleistungswirtschaft hat allerdings ein anderes Bild von den praxisnahen und anwendungsorientierten HTL-Absolventen. Die Wirtschaft schätzt die Symbiose von Theorie und Praxis der HTL-Absolventen. Der national und europäisch unterschätzte HTL-Ingenieur soll vor allem im Sinne der Absolventen formal und gesellschaftlich durch den „Bachelor-Ingenieur" tertiär-akademisch aufgewertet werden.[7]

---

[7] Westritsching, Karl Josef 2012: Bildungssackgasse droht: Europakonformes Zukunftsmodell „Hohe Technische Lehranstalt" für Österreich, S. 467f.

4 Europakonformes Zukunftsmodell: Absolventen zum Bachelor-Ingenieur mit Rückbindung an das Bildungssystem

4.1 Absolventen der Höheren Technischen Lehranstalten[8]

Bildungsprinzip „dual"

- HTL-Absolventen
- HTL-Altingenieure

1. Bildungsprinzip
- Ingenieurpraxis in den Betrieben
  - Erfahrungs- und Lernzuwachs

2. Bildungsprinzip
- Höhere Technische Lehranstalten
  - Bachelor-Studiengang

Unterrichtsministerium

- Rahmen-Lehrplan zum Bachelor-Ingenieur
- Flächendeckend in Österreich
- Bachelor-Beauftragter an den Höheren Technischen Lehranstalten
- Novelle zum Ingenieurgesetz 2006

---

1. Bildungsprinzip

Ingenieurpraxis

- **HTL-Absolventen**

Ingenieurpraxis-Vertrag

- Vertrag der Absolventen mit dem Betrieb
- 3 Jahre gehobene Ingenieurpraxis

---

[8] Vgl. Westritschnig, Karl 2012: Bildungssackgasse droht: Europakonformes Zukunftsmodell „Hohe Technische Lehranstalt" für Österreich, S. 463-512.

- Praxisnah und Anwendungsorientiert
- Fachbereiche und Ausbildungsschwerpunkte

BACHELOR-Ingenieurpraxis-Studie

- Erfahrungs- und Lernzuwachs
- Rückbindung an das HTL-Bildungssystem

- **HTL-Altingenieure**

Ingenieurpraxis-Vertrag entfällt

- 3 Jahre gehobene Praxis nach der Standesbezeichnung Ingenieur
- Praxisnah und Anwendungsorientiert
- Fachbereiche und Ausbildungsschwerpunkte

BACHELOR-Ingenieurpraxisstudie

- Rückbindung an das HTL-Bildungssystem

---

2. Bildungsprinzip

Höhere Technische Lehranstalten

- **HTL-Ingenieure**
- **HTL-Altingenieure**

  - **BACHELOR-Studiengänge**

Tertiär-akademische BACHELOR-Prüfung

- Begutachtung Ingenieurpraxis-Studie
- Prüfungskommission
  - Vorsitzender- Begutachter der Praxisstudie
  - Zwei Fachtheorie-Lehrer als Mitglieder
- Themen der Diplomprüfung

Tertiär-akademische Hochschulebene

Qualifikationsniveau

- ISCED 5A
- NQR / EQR 6

Anrechnungspunkte

- 200 ECTS

- 5 Jahre HTL
- Reife- und Diplomprüfung
  - 180 ECTS

- Ingenieurpraxis-Studie
  - 20 ECTS

Akademischer Grad

- First Cycle Degree
  - Erster Berufsqualifizierender Studienabschluss
- Deutsch
  - Bachelor-Ingenieur BIng
- Englisch
  - Bachelor of Engineering BEng

Master-Studien- und Forschungsprogramme

- Fachhochschulen und Universitäten

Doktoranden-Studien- und Forschungsprogramme

- Universitäten

4.2 Absolventen der Höheren Land- und Forstwirtschafts Lehranstalten

Bildungsprinzip „dual"

- HLFL-Absolventen
- HLFL-Altingenieure

    1. Bildungsprinzip
- Ingenieurpraxis in den Betrieben
    - Erfahrungs- und Lernzuwachs

    - **2. Bildungsprinzip**
- Höhere Landwirtschaft- und Forstwirtschaft Lehranstalten
    - BACHELOR-Studiengänge

Unterrichtsministerium

- Rahmen-Lehrplan zum Bachelor-Ingenieur
- Flächendeckend in Österreich
- Bachelor-Beauftragtet an Höheren Land- und Forstwirtschafts Lehranstalt
- Novelle zum Ingenieurgesetz 2006

---

1. Bildungsprinzip

Ingenieurpraxis

- **HLFL-Absolvent**

BACHELOR-Ingenieurpraxis-Vertrag

- Vertrag der Absolventen mit dem Betrieb
- 3 Jahre gehobene Ingenieurpraxis
    - Praxisnah und Anwendungsorientiert
    - Fachbereiche und Ausbildungsschwerpunkte

BACHELOR-Ingenieurpraxis-Studie

- Erfahrungs- und Lernzuwachs
- Rückbindung an das HLFL-Bildungssystem
- **HLFL-Altingenieure**

BACHELOR-Ingenieurpraxis-Vertrag

- Mindestens 3 Jahre Praxis nach Standesbezeichnung Ingenieur
- Praxisnah und Anwendungsorientiert
- Fachbereiche und Ausbildungsschwerpunkte

BACHELOR-Ingenieurpraxis-Studie

- Rückbindung an das HLFL-Bildungssystem

---

2. Bildungsprinzip

Höhere Land- und Forstwirtschafts Lehranstalt

- **HLFL-Ingenieure**
- **HLFL-Altingenieure**

BACHELOR-Studiengänge

Tertiär-akademische BACHELOR-Prüfung

- Begutachtung der Ingenieurpraxis-Studie
- Prüfungskommission
  - Vorsitzender- Begutachter der Praxisstudie
  - Zwei Fachtheorie-Lehrer als Mitglieder
- Themen der Diplomprüfung

Tertiär- und Hochschulebene

Qualifikationsniveau

- ISCED 5A
- NQR / EQR 6

Anrechnungspunkte

- 200 ECTS

- 5 Jahre HTL
- Reife- und Diplomprüfung
  - 180 ECTS

- BACHELOR-Ingenieurpraxis
  - 20 ECTS

Akademischer Grad

- First Cycle Degree
  - Erster Berufsqualifizierender Studienabschluss
- Deutsch
  - Bachelor-Ingenieur BIng
- Englisch
  - Bachelor of Engineering BEng

Master Studien- und Forschungsprogramme

- Fachhochschulen
- Universitäten

Doktoranden Studien- und Forschungsprogramme

- Universitäten

5 Rückbindung der Ingenieurpraxis dual an das Bildungssystem qualifiziert Ingenieure zum „Bachelor-Ingenieur"

Die Bildungspolitik und die Schulentwicklung sind aufgerufen, dieses dringende Problem flächendeckend in Österreich einer Umsetzung und damit einer formalen gesetzlichen Regelung zuzuführen.

Die Höherqualifizierung durch einen Lern- und Erfahrungszuwachs bei der 3-jährigen Ingenieurpraxis sollte „dual" durch eine Anbindung an das bestehende HTL-Schulsystem erfolgen. Die Standesbezeichnung Ingenieur muss durch eine notwendige Aufwertung der kaiserlichen Verordnung aus dem Jahre 1917 erfolgen. Eine Bildungsredundanz wird durch das Europakonforme Zukunftsmodell eines tertiär-akademischen Bologna „Bachelor-Ingenieur" Grad vermieden. Der praxisnahe, anwendungsorientierte und universell einsetzbare HTL-Absolvent gerät am allgemeinen Ingenieur-Arbeitsmarkt durch den Europakonformen Technikbereich der Fachhochschulen zunehmend in Bedrängnis. Der OECD-Forderung nach einer erforderlichen Zunahme an tertiär-akademisch gebildeten und qualifizierten Technikern und Ingenieuren wird durch diese Zukunftsüberlegung auch Rechnung getragen. Eine erforderliche Europakonforme Weiterentwicklung und Aufwertung des HTL-Bildungssystems ist dadurch auch gegeben.

Die in der Vergangenheit bewährte Standesbezeichnung Ingenieur, benötigt in der Zukunft eine Europakonforme tertiär-akademische Bologna-Aufwertung zum „Bachelor-Ingenieur" Grad. Eine befriedigende bildungspolitische Lösung wird in dieser Problemstellung zunehmend erforderlich.

6 Literaturverzeichnis

Konsultationspapier- Nationaler Qualifikationsrahmen für Österreich 2008.

Markowitsch, Jörg 2009: Zur Vorhersage nationaler Qualifikationen zum Europäischen Qualifikationsrahmen mittels mathematischer Modellierung.

Markowitsch, Jörg 2009 (Hrsg.): Der Nationale Qualifikationsrahmen in Österreich. Beiträge zur Entwicklung. Münster.

Romanik, Felix 1946: 50 Jahre Ingenieurtitel-Frage. In: Österreichs technisch-gewerbliches Schulwesen, Jg. 1.

Schneeberger, Arthur / Petanovitsch, Alexander 2009: Zwischen Akademikermangel und prekärer Beschäftigung. Wien. S. 163-184.

Schneeberger, Arthur / Petanovitsch, Alexander 2008: Mittelfristige Perspektiven der HTL.

Schneeberger, Arthur / Petanovitsch, Alexander 2010: Internationale Einstufung der österreichischen Berufsbildung.

STATISTIK AUSTRIA

- Hochschulstatistik 2005/06
- Arbeitskräfteerhebung 2006 – Ergebnisse des Mikrozensus 2007.

Tritscher-Acham Sabine 2009: Der Nationale Qualifikationsrahmen in der Praxis: Am Beispiel des Baubereichs. (= Studies in Lifelong Learning, 3). In: Markowitsch, Jörg (Hrsg.): Der Nationale Qualifikationsrahmen in Österreich. Beiträge zur Entwicklung. Münster, S. 164-184.

Westritschnig, Karl Josef 2012: Bildungssackgasse droht: Europakonformes Zukunftsmodell „Hohe Technische Lehranstalt" für Österreich. Hamburg.

7 Abkürzungsverzeichnis

ECTS   European Credit Transfer and Accumulation System

EQR   Europäischer Qualifikationsrahmen

FH   Fachhochschule

HTL   Höhere Technische Lehranstalt

ISCED   International Standard Classification of Education

NQR   Nationaler Qualifikationsrahmen

OECD   Organisation of Economic Co-operation and Development

UNI   Universität

TH   Technische Hochschule

TU   Technische Universität

Autor Karl Westritschnig

HTL-Ingenieur, TH-Diplomingenieur-Maschinenbau; Berufliche Erwerbstätigkeiten- Konstruktion, Berechnung, Erprobung und Planung; HTL-Fachtheorie-Lehrer-Maschinenbau; Ehrenamtliche Tätigkeiten-Zivilgesellschaft; Universität-Diplom und Doktorat-Pädagogik.